Jules TRIPIER

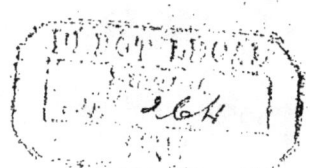

Au Président Krüger

LA VILLE D'ABBEVILLE

ABBEVILLE

C. PAILLART, IMPRIMEUR-ÉDITEUR

1901

AVANT-PROPOS

ALLIANCE

Des Savants et des Philanthropes

DE

« TOUS LES PAYS »

Pour les Boërs héroïques
0 fr. 10
S. V. P.

ALLIANCE
Des Savants et des Philanthropes de tous les Pays

SOCIÉTÉ FONDÉE EN 1892

POUR PROTÉGER, AMÉLIORER & MORALISER LA VIE HUMAINE

Paris, ce 16 Juin 1901.

M

Dans sa séance du 10 mars dernier, présidée par le professeur BOCHET, inspecteur général des Mines, officier de la Légion d'honneur, l'Alliance des Savants et des Philanthropes a adopté un vœu en faveur de l'indépendance des Boërs et d'un arbitrage pour régler leur différend avec les Anglais.

Si la voix des peuples ne réussit pas, à défaut des gouvernements, à imposer un arbitrage à la perfide Albion pour conclure la paix d'une façon honorable avec les Républiques sud-africaines, les voleurs de mines d'or seront contraints, pour triompher à tout prix, de se livrer plus que jamais à une guerre d'extermination, de sauvagerie sans nom, d'atrocités abominables, qui rempliront le monde d'horreur et de dégoût.

Il appartient à l'Alliance, dont le Bureau compte des personnalités éminentes comme MM. Henri BOCHET, DEMONTZEY, Camille FLAMMARION, Edmond HARAUCOURT, Carles RICHET, Albert DE ROCHAS, SULLY-PRUDHOMME, de tenter, avec les Sociétés pacifiques, un suprême effort pour façonner, éclairer et stimuler l'opinion publique. Souvenons-nous que noblesse oblige et que nous ne pouvons, décemment, rester les bras croisés. Ceux qui admirent le plus les héroïques Boërs commettraient une lâcheté insigne si, sans rien risquer, ils ne voulaient seulement pas remuer le bout du petit doigt pour les sauver par la voie de l'arbitrage.

Pour coopérer à une entente entre les belligérants, il est de notre devoir, comme le Bureau permanent de la Paix le conseille à ses partisans, d'organiser un vaste pétitionnement auquel nous prions les amis des Boërs de vouloir bien s'associer. — Si vous daignez nous faire l'honneur de vous joindre à nous, en compagnie des nombreuses notabilités qui nous prêtent leur appui, vous n'avez qu'à détacher la feuille d'adhésion ci jointe, la remplir et nous la renvoyer.

Quand bien même, contrairement à ce que nous espérons, nos efforts risqueraient d'être inutiles, n'en faisons pas moins sans défaillance ce que nous devons, et advienne que pourra !

Veuillez agréer, M   , avec nos vifs remerciements d'avance, l'assurance de notre parfaite considération.

L'un des Secrétaires généraux,

TRIDON,

14, rue du Val-d'Osne, Saint-Maurice (Seine).

A Monsieur Charles BIGNON

MAIRE D'ABBEVILLE

Ancien Président au Conseil d'Arrondissement

Conseiller Général de la Somme

Elu le 21 Juillet 1901

Monsieur le Maire,

Au nom de mon vénérable père, qui a été, pendant quarante-cinq ans, le maire de la commune d'Eaucourt-sur-Somme (1848 à 1893); au nom des amis communs d'Abbeville et de l'arrondissement — 3,000 adhérents; — en mon nom personnel, enfin, je vous prie de bien vouloir accorder votre suffrage et votre nom de Maire d'Abbeville au Président Krüger, le vénéré champion de l'Arbitrage.

Voici maintenant la prière de Krüger et l'importante déclaration faite par le Président du Transvaal à notre distingué et excellent ami, M. Elie Ducommun, le dévoué secrétaire honoraire du Bureau permanent de la Paix, à Berne :

« Je n'ai jamais rien demandé et je ne de-
« manderai jamais autre chose que la Justice ou
« l'Arbitrage pour régler tout différend entre
« l'Angleterre et le Transvaal! »

« Ainsi signé : Kruger. »

Cette prière s'adresse aux hommes et à Dieu, mais particulièrement et tout d'abord à la bonne ville d'Abbeville, qui voudra bien, en pareille occurrence, nous prêter son concours et son appui, le secours de ses armes, avec le mot fameux : « *Fidelis* », le mot historique que nous citerons à propos au Président Krüger ; car il a bien mérité de l'humanité et de la Patrie. Il se souviendra, autant et plus qu'aucun homme du monde, des glorieuses traditions que vaudra toujours à votre Ville le plus brave et le plus digne de ses enfants. Ringois, riche bourgeois d'Abbeville, le plus illustre de vos prédécesseurs, sera le libérateur de la grande et de la chère petite Patrie. Elle lui rappellera, avec bonheur, les éternelles traditions de bravoure, de fidélité et d'honneur national.

Aussi, je vous prie instamment, Monsieur le Maire et cher Confrère en Arbitrage, de recevoir, à Abbeville, la fidèle expression de nos sentiments de confraternité et notre plus affectueux hommage, pour vous et pour vos chers concitoyens. En signant avec eux la pétition de l'Alliance des Savants et des Philanthropes de tous les Pays, vous resterez l'honneur de la Cité, et le Président Krüger sera le vengeur de Ringois, qui garda à la France tous ses sentiments de fidélité et fut précipité du haut de la tour de Douvres, pour avoir refusé le serment au roi d'Angleterre, Edouard III.

Le Président Krüger poursuivra ainsi, si Dieu

lui prête vie, et si vous daignez exaucer notre prière, la marche triomphale de nos idées et de l'Arbitrage à travers le monde, depuis Marseille jusqu'à La Haye, depuis La Haye jusqu'à Abbeville, le nord de l'Europe et le nord de la France jusqu'au sud de l'Afrique. Nous doublerons ensuite le cap des Tempêtes, appelé également le cap de Bonne-Espérance. C'est ainsi que, marchant constamment à la suite des plus hardis navigateurs, tels les Vasco de Gama ; à la suite des savants explorateurs et des philanthropes de tous les pays, ayant uniquement pour but de protéger, améliorer, moraliser la vie humaine, nous trouverons devant nous un superbe et long sillage, au milieu des flots azurés, et figurant la large et la blanche route de la Paix, tracée évidemment par un vaisseau d'Etat au service de la reine Wilhelmine, l'honneur de l'Humanité et la gloire la plus pure de la Hollande. Le beau vaisseau, aux couleurs néerlandaises, portera au bout du monde la bonne fortune de Krüger et forcera le pavillon britannique, que nous avons connu si fier, à s'incliner, lui-même, devant une si gracieuse majesté. Et les vaisseaux d'Etat, autrefois vaisseaux de guerre, seront plus heureusement appelés les vaisseaux de la paix ; ils seront triomphants et vraiment puissants alors, car ils sauront affronter mers et vents, en entrant dans l'Océan Pacifique.

Celui qui règne dans les cieux et de qui relèvent les royaumes, les empires, n'a jamais cessé de diriger, conduire, « orienter » les navigateurs vers la bonne étoile de la Paix ! Qu'il veuille bien entendre la prière que nous lui adressons du fond de la chère petite Patrie, du fond de notre cœur et de toutes les forces de notre âme. Qu'il veuille bien, enfin, faire entendre sa voix puissante au roi d'Angleterre, Edouard VII.

La voix des peuples est la voix de Dieu !

Vive Krüger !

JULES TRIPIER,

Membre fondateur de la Société française d'Arbitrage et de la Société de la Paix d'Abbeville et du Ponthieu (Somme).

A Eaucourt-sur-Somme. France, ce 9 Juillet 1901.

… IANCE DES SAVANTS & DES PHILANTHROPES

DE TOUS LES PAYS

Société fondée en 1892

Pour protéger, améliorer et moraliser la Vie humaine

…RANCHE FRANÇAISE   Paris, le   190 .

Siège social :

Rue Saint-Lazare, PARIS

FORMULE D'ADHÉSION

Je, soussigné, déclare adhérer au projet de l'Alliance des Savants et des Philanthropes de solliciter le Ministre des Affaires Étrangères d'intervenir, d'accord avec d'autres puissances, auprès des Anglais et des Boërs pour les engager vivement à faire régler sans retard leur différend par le Tribunal d'arbitrage international qui siège à La Haye.

Nom : ....

Profession ou qualité : ....

Adresse : ....

Nota. — Prière de détacher cette feuille et de nous la renvoyer après l'avoir remplie d'une manière lisible.

(Les adhésions seront publiées.)

ABBEVILLE. — IMPRIMERIE C. PAILLART.

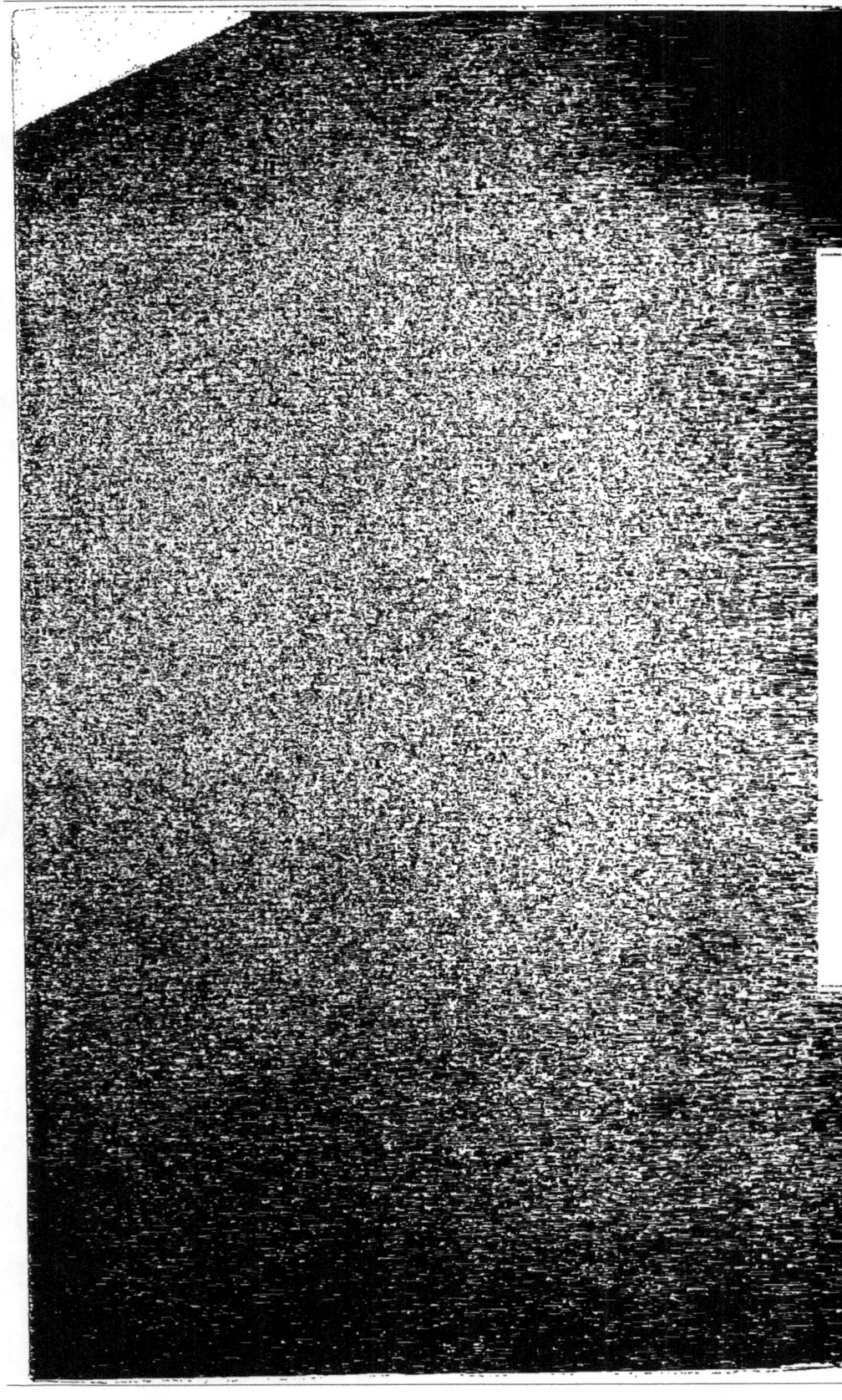

www.ingramcontent.com/pod-product-compliance
Lightning Source LLC
Chambersburg PA
CBHW071427060426
42450CB00009BA/2068